ANALISI DEL LIBRO

AF156529

Il buio oltre la siepe

• • • • • • • • • • • • • •

NELLE HARPER LEE

ANALISI DEL LIBRO

Scritto da Alexandre Randal
Tradotto da Sara Rossi

Il buio oltre la siepe

· ·

NELLE HARPER LEE

NELLE HARPER LEE

ROMANZIERA AMERICANA

- **Nata in Alabama nel 1926.**
- **Morta in Alabama nel 2016.**
- **Opere degne di nota:**
    - *Il buio oltre la siepe* (1960), romanzo
    - *Go Set a Watchman* (2015), romanzo

Nelle Harper Lee nasce in Alabama nel 1926. Inizia a studiare per laurearsi in legge prima di andare a vivere a New York, dove trova lavoro in una compagnia aerea. Tuttavia, questo era solo per sbarcare il lunario: Lee passa tutto il suo tempo libero a scrivere. *Il buio oltre la siepe* viene pubblicato nel 1960 e diviene rapidamente un successo internazionale. Viene adattato per il cinema due anni dopo da Robert Mulligan, con Gregory Peck nel ruolo di Atticus Finch.

Il buio oltre la siepe è stato l'unico libro che Lee ha pubblicato per molto tempo, e ancora oggi la sua vita rimane un mistero. Tuttavia, nel 2015 è stato pubblicato un secondo libro della Lee, *Go Set a Watchman*, con grande sorpresa del mondo letterario. È morta nel febbraio 2016.

IL BUIO OLTRE LA SIEPE

LA VISIONE DI UN BAMBINO SULLA SERIETÀ DEL MONDO

- **Genere**: romanzo
- **Edizione di riferimento**: Lee, H. (1962) *To Kill a Mockingbird*. New York: Popular Library
- **1° edizione** : 1960
- **Temi**: infanzia, razzismo, disillusione, intolleranza, processo

Il buio oltre la siepe è stato pubblicato nel 1960 in Nord America, proprio nel bel mezzo del Movimento per i diritti civili, e ha vinto il Premio Pulitzer nel 1961. Ha venduto più di 30 milioni di copie in tutto il mondo ed è stato tradotto in quaranta lingue. La storia di Lee descrive alcuni mesi della vita di Scout, una bambina di sette anni, mentre suo padre, un avvocato, difende un uomo di colore accusato di aver violentato una donna bianca.

La storia si svolge in una cittadina dell'Alabama negli anni Trenta, all'epoca della Grande Depressione. Sebbene la trama si concentri su questioni serie come il razzismo e la stupidità quotidiana, i ricordi d'infanzia conferiscono al romanzo un certo grado di spensieratezza e la storia è rallegrata dalla visione ingenua, e spesso divertente, che Scout ha del mondo.

SINTESI

Il romanzo è ambientato a Maycomb, in Alabama, negli anni Trenta. Scout e Jem Finch, rispettivamente di sei e dieci anni, vivono vicino a una casa che li incuriosisce e li terrorizza allo stesso tempo. Appartiene ai Radley, una strana famiglia che vive in clausura. Durante le vacanze, incontrano un ragazzo di nome Dill, che sta con la zia. I tre bambini diventano subito amici. Cominciano a giocare insieme e, l'estate successiva, inventano un gioco sui Radley, nonostante Atticus, il padre di Scout e Jem, glielo abbia proibito. Una sera, i bambini si avventurano sulla veranda dei Radley. All'improvviso appare un'ombra che li spaventa. I bambini scappano, terrorizzati, dopo aver sentito un colpo di pistola. Nel panico, Jem riesce a perdere i pantaloni. Quando tornano a casa, Dill inventa una scusa plausibile, anche se piuttosto stupida.

A settembre, Scout inizia la scuola, ma è delusa dalla sua insegnante, la signorina Caroline, perché i suoi metodi di insegnamento non sono adatti ai bambini poveri di Maycomb. Scout, che ha imparato a leggere e a scrivere molto prima di iniziare la scuola, incorre nell'ira della maestra e le viene proibito di leggere, una punizione terribile per una bambina che adora decifrare il giornale con il padre. Dopo una giornata così deludente, la bambina perde la voglia di andare a scuola. Il padre le propone quindi un compromesso: le permetterà di continuare a leggere il giornale con lui se accetterà di tornare a scuola. La bambina accetta. Un giorno, mentre torna a casa, trova una gomma da masticare nascosta su un albero di fronte alla casa dei Radley. La cosa si ripete più volte. Una mattina, però, Jem è sconvolto nello scoprire che l'apertura è stata bloccata con del cemento.

L'inverno arriva e porta con sé la neve, un evento molto insolito per Maycomb. Quel giorno non c'è scuola e Jem e Scout costruiscono il loro primo pupazzo di neve. Durante la notte, Atticus sveglia i bambini e li fa uscire, perché la casa accanto è in fiamme. Senza che Scout se ne accorga, Arthur Radley le copre le spalle con una coperta.

Poiché il padre dei due bambini è un avvocato, viene incaricato dal tribunale di difendere Tom Robinson, un nero accusato di aver violentato una donna bianca. Le critiche nei confronti di Atticus iniziano a farsi violente a scuola e in città, e Scout si scontra con un altro alunno che la prende in giro per il caso. Il padre cerca di prepararla al processo che sta per iniziare e alle conseguenze che avrà sulla loro famiglia. Un giorno, mentre si recano in città, Scout e Jem passano davanti alla casa della signora Dubose, una donna malata, anziana e di cattivo umore che li provoca a proposito del processo. Jem si infuria e le rovina i fiori. Atticus gli ordina di andare a scusarsi. La signora Dubose gli chiede di leggere per lei per un mese come risarcimento. Di conseguenza, i due bambini si recano ogni giorno a casa della vecchia signora. Dopo la sua morte, scoprono che la loro presenza l'ha aiutata a disintossicarsi dalla morfina.

Con l'avvicinarsi del processo a Tom Robinson, le reazioni ostili nei confronti della famiglia di Scout continuano ad aumentare. Una sera, sentendo che le cose stanno per precipitare, Atticus si reca alla prigione per sorvegliare l'imputato. I bambini, incuriositi nel vederlo uscire così tardi, lo seguono.

Assistono a un'accesa discussione tra il padre e alcuni contadini venuti a linciare il prigioniero. Anche se non capisce del tutto quello che sta succedendo, l'ingenuità di Scout riesce a distendere la situazione. A Natale, lo zio Jack viene a trovarli e poi vanno a trovare la zia Alexandra, una donna dalla mentalità ristretta e pronta a criticare. Ha un nipote della stessa età di Scout e i due bambini discutono del processo.

Jem comincia a cambiare: diventa più grande e comincia a passare più tempo da solo, e Scout comincia a capirlo sempre meno. Scopre che Dill non verrà quest'estate. Una notte, però, i due bambini trovano il ragazzino nascosto sotto un letto e si scopre che è scappato di casa per stare con loro. Atticus accetta di farlo restare per un paio di giorni. Anche zia Alexandra viene a vivere con loro. Tuttavia, la convivenza con lei è difficile e scoppiano molti litigi.

Il giorno del processo, tutta la regione sembra essere venuta in tribunale. Anche i bambini ci vanno e, poiché non ci sono più posti a sedere, vengono fatti accomodare nell'area riservata ai neri. Il processo inizia con la testimonianza di Bob Ewell, il padre della giovane donna che sostiene di essere stata violentata. Gli Ewell sono tra gli abitanti della città più poveri e più ignorati. Atticus mette in dubbio il fatto che l'imputato, che ha un braccio mutilato, sia riuscito a ferire Mayella, la presunta vittima.

Quando la ragazza viene interrogata, la sua testimonianza è confusa e mette in evidenza le sue misere condizioni di vita. Tuttavia, continua ad accusare Tom Robinson di averla violentata e picchiata. Infine, è il turno dell'imputato di parlare: descrive una ragazza sola che lo ha invitato a casa e che, dopo essere stata respinta da Tom e scoperta dal padre, ha inventato la storia dello stupro. Atticus sostiene questa versione dei fatti e sottolinea i pregiudizi razziali in gioco nel caso. Ciononostante, l'imputato viene dichiarato colpevole, il che è uno shock per i bambini.

La mattina dopo, Atticus si commuove nello scoprire che la comunità nera lo ha ringraziato lasciando una pila di cibo sulla veranda. Torna in città, dove Bob Ewell gli sputa addosso e lo minaccia. Più tardi, Atticus torna a casa dopo aver appreso che Tom Robinson è stato ucciso mentre tentava di fuggire.

Alexandra organizza un tè pomeridiano con le signore di Maycomb. Scout non si sente affatto a suo agio in questo piccolo incontro esclusivamente femminile e non capisce cosa stia succedendo. Tuttavia, è colpita dal fatto che la zia affronti la situazione con tanta umanità e coraggio, e quindi rivede la sua opinione su di lei e sul diventare una signora.

Quando la scuola ricomincia, Jem, che sta crescendo, inizia a passare ancora più tempo da solo. Anche se ora Scout è meno terrorizzata dalla casa dei Radley, ciò non significa che ne sia meno incuriosita.

Inoltre, a parte alcuni incidenti con Bob Ewell, le cose sembrano tornare alla normalità per Atticus. Il giorno di Halloween, Scout deve partecipare a uno spettacolo sulla storia della città in cui i bambini sfilano vestiti da cibo – Scout è un prosciutto. Tuttavia, durante lo spettacolo, Scout si addormenta dietro le quinte e perde il suo turno. Vergognandosi, si rifiuta di togliersi il costume da prosciutto quando è ora di tornare a casa.

Durante il tragitto, Jem e Scout vengono attaccati. Vengono salvati da Arthur Radley. Quando lo sceriffo arriva sul posto, trova Bob Ewell pugnalato a morte. È chiaro che aveva tentato di uccidere i bambini. Atticus crede che sia stato Jem a ucciderlo mentre cercava di difendersi. Tuttavia, lo sceriffo è pronto a correggerlo, mostrandogli che è stato Arthur Radley a pugnalare Bob Ewell, ma chiarisce che sarebbe meglio non far girare la notizia in città.

Scout va con il loro salvatore a casa sua. Si immagina nei suoi panni, mentre guarda lei e suo fratello giocare per strada, e ricorda gli eventi degli ultimi mesi.

STUDIO DEL CARATTERE

SCOUT (JEAN LOUISE FINCH)

Jean Louise Finch, soprannominata Scout, è l'eroina e la voce narrante del libro. All'inizio della storia ha sei anni. È una bambina dalla mente acuta, un po' maschiaccio (non ci pensa due volte prima di prendere a pugni chi la infastidisce) e molto legata a Jem, suo fratello maggiore. I due sono molto legati. Ha anche degli amici, ma nessuno di loro è una ragazza e, curiosamente, nel libro non ci sono altri personaggi femminili della sua età.

È una bambina che riflette profondamente sulle cose e analizza le persone che la circondano: fa molte domande, cerca di capire e osserva sempre chi la circonda. A volte innocente, altre eccezionalmente lucida, non sempre sa come interpretare il mondo degli adulti, che rimane per lei una costante fonte di perplessità. La sua visione umoristica del mondo mette in evidenza le assurdità e le contraddizioni delle regole della società e illustra anche il lato egocentrico e ingenuo dell'infanzia.

Impulsiva e spensierata all'inizio del romanzo, diventa più saggia e matura con il passare dei mesi e con il confronto con il male (razzismo, ingiustizia). Il padre la porta a trovare un compromesso tra l'accettazione del mondo reale e il rispetto dei principi morali fondamentali.

JEM (JEREMY FINCH)

Jem, il fratello di Scout, ha quattro anni in più di lei e si sviluppa anch'egli nel corso della storia: da ragazzino diventa un futuro giovane uomo. Svolge alla perfezione il ruolo di fratello maggiore, portando Scout con sé nella maggior parte delle sue avventure e, a seconda delle situazioni, protegge e conforta la sorellina. Soprattutto, è il suo "teorico della vita": essendo più grande, può spiegare la sua percezione del mondo al fratello minore.

A differenza di Scout, che era troppo piccolo per ricordare molto, ha ricordi tristi della madre, morta diversi anni fa, e a volte è sopraffatto dalla nostalgia.

ANETO (CHARLES BAKER HARRIS)

Dill, l'amico di Scout e Jem, è un orfano che trascorre le vacanze estive con la vicina Rachel Haverford, che lui chiama zia. Ha un'immaginazione molto attiva e inventa sempre storie incredibili. Dice di essere fidanzato con Scout, le manda dolci lettere e a volte le ruba i baci quando il fratello non guarda. Il suo personaggio è ispirato allo scrittore americano Truman Capote (1924-1984), un amico di Lee che conosceva fin da bambino.

ATTICUS FINCH

Atticus è il padre di Scout e Jem. Di circa 50 anni, è un vedovo che alleva i suoi due figli da solo secondo i suoi principi, piuttosto liberali per l'epoca. Come avvocato, prende molto sul serio la difesa di Tom Robinson. Tuttavia, sa di combattere una battaglia persa, anche se è chiaro che il nero è stato ingiustamente accusato di stupro.

Atticus è un padre comprensivo e si rivela anche un astuto psicologo, in grado di bilanciare severità e indulgenza a seconda della situazione. La libertà in cui cresce Scout e Jem non è sempre vista positivamente a Maycomb: la sorella lo critica perché li alleva come selvaggi e, cosa peggiore, lascia che la figlia sfili in salopette invece che in un bel vestito come tutte le altre ragazze della sua età.

Atticus è un punto di riferimento fondamentale per il narratore nel corso della storia. Sebbene pretenda molto dalla figlia, la rispetta enormemente. Il suo amore, così come il suo atteggiamento tenero e comprensivo, aiuta la bambina a rimanere sulla retta via.

Tratta i suoi figli con rispetto e si rivolge a loro come a degli adulti, ma non dimentica mai che hanno dei limiti. Di conseguenza, non mente loro e non cerca di nascondere le cose quando gli fanno domande. Al contrario, cerca di dare loro gli strumenti necessari per capire il mondo e prepararli al futuro. Anche durante i conflitti e i momenti difficili, insegna ai suoi figli a mettersi nei panni degli altri, invece di lasciarsi trasportare dall'odio o dal disprezzo, e dice loro costantemente che devono evitare di giudicare le persone.

Se è vero che insegna loro molto attraverso l'educazione e la discussione, lo fa anche con l'esempio. È un uomo onesto, profondamente umano, che non esita a difendere una causa persa, perché qualcuno deve farlo e lui è abbastanza forte da sopportare questo peso. È un personaggio quasi cristico, incaricato dagli altri di affrontare ciò che loro non hanno il coraggio di affrontare, portando il peso di una società ingiusta e diseguale. In questo senso, il processo è la sua "Via Crucis", con il suo fallimento finale all'annuncio del verdetto. Tuttavia, egli è in grado di superare la sua prova e di dare un'interpretazione positiva alle cose. Egli insegna quindi ai suoi figli molto sul coraggio e sulla dignità, il che si adatta al personaggio che vediamo nel corso della storia.

In ogni caso, è un padre molto moderno in questa piccola città rurale del profondo Sud degli Stati Uniti negli anni Trenta.

CALPURNIA

Calpurnia, la cuoca di colore dei Finch, fa parte della famiglia e funge da madre adottiva per i bambini, poiché la loro vera madre è morta quando erano molto piccoli. Proprio come Atticus Finch, è severa ma giusta e concorda con lui sulla maggior parte dei principi educativi e morali che inculca ai suoi figli. È una delle poche persone della comunità nera a saper leggere, ed è lei a insegnare a Scout a scrivere.

ZIA ALEXANDRA

Zia Alexandra, sorella di Atticus, vive in un mondo di regole ferree e non approva il modo in cui il fratello educa i figli. Pensa che sia suo compito aiutare a crescere i nipoti e cerca di trasformare Scout in una ragazza "per bene", obbligandola a indossare abiti e a partecipare ai tè pomeridiani che organizza con le signore di Maycomb.

Comunque sia, è fedele ad Atticus e lo sostiene durante e dopo il difficile momento del processo a Tom Robinson, in cui si rivela più umana di quanto sembri all'inizio.

IL QUARTIERE

In questa cittadina dove tutti conoscono tutti, i quartieri sono gruppi molto affiatati. Scout sa quali sono i vicini ostili o indifferenti nei suoi confronti (come la signorina Stephanie Crawford, una pettegola curiosa con la lingua sciolta sempre pronta a parlare male degli altri) e quelli su cui può contare, come la signorina Maudie Atkinson, una vedova coetanea del padre che ne condivide le ampie vedute e le nobili idee.

Una delle case vicine suscita la curiosità di tutta la città, in particolare dei bambini Finch. La casa appartiene alla famiglia Radley, che nessuno vede mai. Si dice che uno dei figli, Arthur, detto "Boo", abbia commesso crimini efferati.

ANALISI

LA SEGREGAZIONE RAZZIALE NEGLI STATI UNITI

Razzismo e intolleranza nell'America rurale degli anni '30

Sebbene il romanzo sia incentrato sul razzismo, attraverso il processo a un uomo di colore, la segregazione e le regole che governano i rapporti tra la comunità bianca e quella nera sono una presenza di fondo in tutta la storia. Ciò riflette la realtà dell'epoca: i due gruppi vivevano separati e l'ingiustizia e il razzismo erano semplicemente una parte della vita quotidiana della comunità nera. Va notato che molte delle principali vittorie del Movimento per i diritti civili furono ottenute solo negli anni Sessanta, dopo che il romanzo era già stato scritto.

Da questo punto di vista, i Finch sono i più strani della società. Atticus tratta tutti gli uomini allo stesso modo, che siano bianchi o neri, ricchi o poveri, istruiti o analfabeti. Calpurnia sembra essere parte della famiglia, ed egli non vede nulla di male nel permettere alla figlia di andare a trovarla nella zona nera della città, né nel far frequentare ai suoi figli una chiesa nera. Questo tipo di atteggiamento va direttamente contro le norme sociali dell'epoca e Atticus è quindi talvolta costretto a discutere con la sua stessa famiglia, come quando la sorella Alexandra gli suggerisce di lasciare andare la sua cuoca.

L'atteggiamento razzista della maggior parte degli abitanti della contea di Maycomb è dovuto alla generale intolleranza verso le differenze. Gli adulti sembrano essere invischiati in una rete di regole e principi rigidi che dettano il loro comportamento e regolano le relazioni tra di loro. Prendiamo ad esempio il signor Dolphus Raymond, che ha sposato una donna di colore: finge di essere un ubriacone per essere lasciato in pace, poiché il suo alcolismo è una ragione sufficiente per la sua diversità agli occhi degli altri abitanti. Il bigottismo e il settarismo, che sono privilegi di cui gode solo la comunità bianca, sono sentimenti condivisi da una serie di personaggi chiusi e spesso ridicoli. Zia Alexandra è uno di questi personaggi, in quanto è piena di principi incrollabili su ciò che si dovrebbe o non si dovrebbe fare, sulle persone che si possono frequentare, sugli abiti che una signora dovrebbe indossare e così via. Questi punti di vista si ritrovano spesso nei personaggi femminili del romanzo: oltre ad Alexandra, Stephanie Crawford è l'incarnazione del razzismo passivo, mentre Miss Caroline, la prima insegnante di Scout, si rivela semplicemente fuori dal tempo e dal luogo in cui vive, poiché i suoi pensieri sull'insegnamento sono completamente inadatti all'ambiente povero e rurale in cui insegna.

Anche la ruralità e l'urbanità, la povertà e la ricchezza fanno parte del sistema di valori di questa società in cui ognuno ha un ruolo definito, soprattutto durante i tempi difficili della Grande Depressione – un periodo di crisi economica, disoccupazione diffusa e carestia dopo il crollo di Wall Street del 1929, le cui ripercussioni hanno permesso ad Adolf Hitler (1889-1945) di salire al potere in Europa. Di conseguenza, le barriere tra le razze sono insormontabili e le poche persone che tentano di aggirarle pagano un prezzo pesante, come

Mayella Ewell, ad esempio, la giovane ragazza che afferma di essere stata violentata da Tom Robinson.

GO SET A WATCHMAN

Go Set a Watchman, il secondo romanzo di Lee, è uscito nel luglio 2015. Anche se il libro è stato scritto nel 1957, e quindi prima de *Il buio oltre la siepe*, viene presentato come il seguito del primo romanzo. La storia si svolge 20 anni dopo gli eventi di *Il buio oltre la siepe*, negli anni Cinquanta. Scout ha ormai 26 anni e vive a New York. Torna a visitare la sua città natale, Maycomb, che è l'equivalente letterario di Monroeville, dove Lee è nata. Tuttavia, Scout si rende subito conto che suo padre, Atticus Finch, nonostante sia un umanista, l'avvocato che ha difeso Tom Robinson e un difensore dell'emancipazione dei neri vent'anni prima, non è più il cavaliere dall'armatura lucente che ricorda nella sua infanzia. Ora, addirittura, se ne esce con commenti razzisti. Secondo Pierre Demarty, il traduttore francese del secondo romanzo: "Ha trasformato un romanzo moralmente e politicamente ambiguo in un romanzo più accessibile e universale. *Watchman* è un libro molto più cupo e presenta una visione molto più critica e pessimistica della società" (Broue, 2015).

L'uscita del libro è stata accolta con un insolito clamore dai media di lingua inglese e il romanzo ha infranto i record di vendita già poche settimane dopo la sua pubblicazione.

Leggi per ratificare il razzismo

Dopo la guerra civile americana (1861-1865) e l'abolizione della schiavitù nel 1865, l'intero Paese si trovò in un periodo di transizione noto come Ricostruzione. In questo periodo ebbe inizio la segregazione razziale ufficiale, che durò dal 1876 al 1965. A partire dal 1876, infatti, negli Stati meridionali d'America furono introdotte varie leggi per differenziare legalmente i cittadini in base alla loro etnia. A questo punto, entrò in vigore un sistema di segregazione *de jure* che rimase in vigore nel Sud per circa un secolo.

In seguito a questa legislazione, gli afroamericani furono sottoposti a molti atti discriminatori e razzisti, che talvolta si spinsero fino a linciaggi e omicidi. In Alabama, ad esempio, dove si svolge *Il buio oltre la siepe*, le stazioni di servizio autostradali furono costrette ad avere sportelli e sale d'attesa separati in base al colore della pelle. Howard Zinn (storico americano, 1922-2010) sottolinea il fatto che "negli anni tra il 1889 e il 1903, in media, ogni settimana, due negri venivano linciati dalla folla – impiccati, bruciati, mutilati" (Zinn, 2002: 315). Inoltre, uno studio del 2015 ha stimato che circa quattromila afroamericani sono stati linciati nel periodo compreso tra il 1877 e il 1950. Una mappa del Sud degli Stati Uniti redatta *dal New York Times* indicizza questi settantatré anni di linciaggi ("Map of 73 Years of Lynchings", *New York Times*, 2015). Questi atti, commessi da bianchi, erano un fatto comune e spesso si concludevano con l'impiccagione.

Inoltre, il tribunale emetteva spesso sentenze ingiuste, come nel caso Scottsboro del 1931. Questo processo rappresentò una tappa importante nella lotta contro la discriminazione razziale e fu senza dubbio un fattore importante per la stesura del romanzo di Lee, che ambientò la sua storia nello stesso periodo. Il 25 marzo 1931 a Scottsboro, in Alabama, due giovani donne bianche accusarono ingiustamente nove adolescenti neri, di età compresa tra i tredici e i diciannove anni, di averle violentate. Otto dei giovani furono condannati a morte per impiccagione, senza alcuna prova della loro colpevolezza. L'ILD (International Labor Defense), un'organizzazione impegnata nella difesa dei diritti civili, riuscì a ritardare le esecuzioni e ad appellare la sentenza. Iniziò così una lunga battaglia politica che durò quindici anni, fino al 1946, quando l'ultimo degli uomini fu finalmente liberato. Questo è diventato un episodio emblematico della lotta per l'uguaglianza razziale negli Stati Uniti e, per molti aspetti, ha aperto la strada al Movimento per i diritti civili.

 ## LO SAPEVATE?

Lee non fu l'unico a essere segnato da questi eventi. Jean-Paul Sartre (scrittore francese, 1905-1980) si ispirò a questo processo per scrivere la sua opera teatrale *La prostituta rispettosa* (1946).

Il 1° dicembre 1955, Rosa Parks (1913-2005) divenne l'eroina di un altro evento simbolico nella lotta per il cambiamento della legge e della mentalità delle persone. Un giorno a Montgomery, in Alabama, la sarta quarantaduenne si rifiuta di cedere il suo posto sull'autobus a un passeggero bianco e riceve una multa. Un movimento contro la segregazione, guidato da un giovane pastore di nome Martin Luther King, organizzò allora un boicottaggio degli autobus in tutta la città. La segregazione sugli autobus americani fu infine revocata il 13 novembre 1956. Questa fu la prima vittoria del Movimento per i diritti civili e segnò l'inizio di una lunga battaglia per la completa abolizione della segregazione razziale.

Solo il 2 luglio 1964 la segregazione razziale è stata completamente bandita in tutto il Paese con l'introduzione del Civil Rights Act. Il 6 agosto dell'anno successivo fu riaffermato il diritto di voto dei neri americani. Tuttavia, la lotta per cambiare la mentalità si è rivelata un compito molto più lungo e la discriminazione razziale è purtroppo ancora troppo frequente negli Stati Uniti. Di conseguenza, *Il buio oltre la siepe* è diventato rapidamente un romanzo di culto della letteratura americana moderna e rimane tuttora molto popolare.

SCRIVERE CON GLI OCCHI
DI UN BAMBINO

Il buio oltre la siepe è un romanzo sull'infanzia. Narrato da Scout, che ha sei anni all'inizio della storia e nove alla fine, il romanzo ci presenta una duplice prospettiva della società, allo stesso tempo ingenua e straordinariamente lucida, che a volte sfiora il cinismo. In questo senso, il lettore può sentire la presenza di uno scrittore adulto che usa questo narratore infantile per mescolare analisi a volte semplicistiche con la realtà più crudele. Anche quando Scout si sbaglia e interpreta male la situazione, l'autore interviene con un cambio di tono che mostra l'errore del giovane narratore. L'effetto è per lo più comico e il romanzo ha un tono molto umoristico dall'inizio alla fine.

La natura binaria della narrazione, con la contrapposizione tra le vacanze estive e quelle di fine anno, evidenzia quanto le vacanze simboleggino la libertà per i bambini. Sono il tempo del gioco, della scoperta, dell'apprendimento e della maturazione. Le giornate sembrano a volte estendersi per un'eternità, mentre il tempo trascorso a scuola, con la sola eccezione del primo giorno di Scout, descritto nei minimi dettagli, è appena accennato e potrebbe essere descritto come una sistematica ellissi temporale.

UNA STORIA DI CRESCITA: DALL'INFANZIA BEATA ALLA DISILLUSIONE

I due personaggi principali, Scout e suo fratello Jem, crescono sotto gli occhi del lettore e passano da bambini ingenui a giovani adulti. Il loro sviluppo personale è tracciato in una serie di aneddoti: il libro sembra a volte più una raccolta di racconti da leggere indipendentemente l'uno dall'altro che un vero e proprio romanzo. Alcuni sono leggeri, mentre altri trattano argomenti più seri. Ogni piccola storia sembra dare ai bambini la possibilità di imparare una lezione di vita, di scoprire una caratteristica della natura umana e, allo stesso tempo, di imparare a capire gli altri e ad accettare le loro differenze. Il padre è una guida nel vero senso della parola, un uomo giusto e lungimirante che non si lascia mai prendere da emozioni negative o troppo soggettive.

Il lettore assiste al cambiamento di Scout più di ogni altro personaggio, dato che è lei la voce narrante. Nel corso della storia, Scout subisce una serie di delusioni. Innanzitutto, deve rinunciare alla sua immagine idealistica della scuola, perché si rende conto che non imparerà mai nulla. Impara anche a non fare più tanto affidamento su suo fratello perché, crescendo, a volte ha bisogno di andarsene per conto suo e, così facendo, rompe il loro legame fraterno. Tuttavia, prendendo le distanze da lui, finisce per accettare l'idea di diventare una donna. Vede la zia come un modello femminile, avendo finalmente scoperto che la donna più anziana ha delle qualità ammirevoli.

Il processo mostra a Scout, Jem e Dill fino a che punto la giustizia umana è imperfetta e ingiusta, un riflesso del mondo degli adulti che sembra duro e crudele. Tuttavia, il punto di vista di Atticus sulla questione offre loro un barlume di speranza e tolleranza. L'avvocato riesce infatti a trovare le poche gocce di positività in un mare di disastri. Di fronte al verdetto ingiusto della giuria, spiega ai suoi figli che ha comunque ottenuto qualcosa dal processo di Tom Robinson: la giuria non si è semplicemente pronunciata automaticamente a favore del bianco, ma ha effettivamente preso in considerazione il caso. È evidente che sono stati fatti dei progressi. Così facendo, si consola anche perché l'esito del processo è stato un duro colpo per lui, anche se lo aveva previsto.

Proprio alla fine del romanzo, dopo che i bambini vengono attaccati da Bob Ewell, Scout si rende conto di quanto tutti questi eventi abbiano costretto lei e suo fratello a maturare: "Pensavo che Jem e io saremmo cresciuti, ma non c'era molto altro da imparare per noi, tranne forse l'algebra".

ULTERIORI RIFLESSIONI

ALCUNE DOMANDE SU CUI RIFLETTERE...

- La storia, sia quella che si trova nei libri (la guerra civile americana) sia quella individuale (l'albero genealogico dei Finch), viene spesso toccata nel romanzo. In che modo è collegata a ciò che Scout deve affrontare?

- La routine e le regole governano la vita degli abitanti di Maycomb. Questo porta a una sorta di sterilità? Oppure è una sorta di schermo utile per liberarsi da certe restrizioni?

- Osservate come le figure femminili del romanzo svolgano un ruolo importante nella trasmissione delle regole e mettete in evidenza le loro caratteristiche principali. Si può dire che i personaggi femminili più positivi sono quelli più simili agli uomini?

- Bianchi e neri vivono fianco a fianco, ma sanno poco l'uno dell'altro e abitano due mondi completamente diversi. In quali punti del romanzo questi universi si scontrano veramente?

- In che modo il processo è simile a uno spettacolo tragicomico o a un'opera teatrale sull'esistenza umana?

- I personaggi non sono quasi mai descritti fisicamente: rivelano chi sono attraverso le loro azioni o le loro parole. Tenendo conto di questo, ci sono alcuni modi in cui ogni personaggio principale usa il linguaggio che lo definiscono?

- Secondo voi, perché il romanzo ha avuto tanto successo?

- Confrontate il libro con l'adattamento cinematografico diretto da Robert Mulligan. Quali differenze si possono riscontrare tra le due versioni?

- Riuscite a vedere un parallelo tra la società segregata americana e la Germania nazista? Se sì, perché?

- Spiegate il titolo del libro.

ULTERIORI LETTURE

EDIZIONE DI RIFERIMENTO

Lee, H. (1962) *Il buio oltre la siepe*. New York: Popular Library.

STUDI DI RIFERIMENTO

Flynt, W. (2011) To Kill a Mockingbird. *Enciclopedia dell'Alabama*. [Online]. [Accessed 28 March 2017]. Disponibile da: <http://www.encyclopediaofalabama.org/article/h-1140>

Goodman, A. (2013) Rosa Parks a 100 anni: una grande ribelle americana per la giustizia razziale. *The Guardian*. [Online]. [Accessed 28 March 2017]. Disponibile da: <https://www.the-guardian.com/commentisfree/2013/jan/31/rosa-parks-100-a-merican-rebel-justice>

Hauser, S. (2012) Il sogno, la realtà: I diritti civili negli anni '60 e oggi. *Forza lavoro*. [Online]. [Consultato il 28 marzo 2017]. Disponibile da: <http://www.workforce.com/2012/04/10/the-dream-the-reality-civil-rights-in-the-60s-and-today/>

Il New York Times. (2015) *Mappa di 73 anni di linciaggi*. [Online]. [Accessed 28 March 2017]. Disponibile da: <http://www.nyti-mes.com/interactive/2015/02/10/us/map-of-73-years-of-lyn-ching.html?_r=2>

Salter, D. (2013) Processo di Scottsboro. *Enciclopedia dell'-Alabama*. [Online]. [Accessed 28 March 2017]. Disponibile da: <http://www.encyclopediaofalabama.org/article/h-1456>

Urofsky, M.I. (2015) La legge Jim Crow. *Enciclopedia Britannica*. [Online]. [Accessed 28 March 2017]. Disponibile da: <https://www.britannica.com/event/Jim-Crow-law>

Younge, G. (2013) Martin Luther King: la storia del suo discorso "I have a dream". *The Guardian*. [Online]. [Accessed 28 March 2017]. Disponibile da: <https://www.theguardian.com/world/2013/aug/09/martin-luther-king-dream-speech-history>

Zinn, H. (2013) *Storia popolare degli Stati Uniti: 1492-Presente*. 3° ed. Abingdon-on-Thames: Routledge.

ADATTAMENTO

Il buio oltre la siepe. (1962) [film]. Robert Mulligan, regista. Stati Uniti: Brentwood Productions; Pakula-Mulligan.

Vogliamo sapere da voi!
Lasciate un commento sulla vostra biblioteca online
e condividete i vostri libri preferiti sui social media!

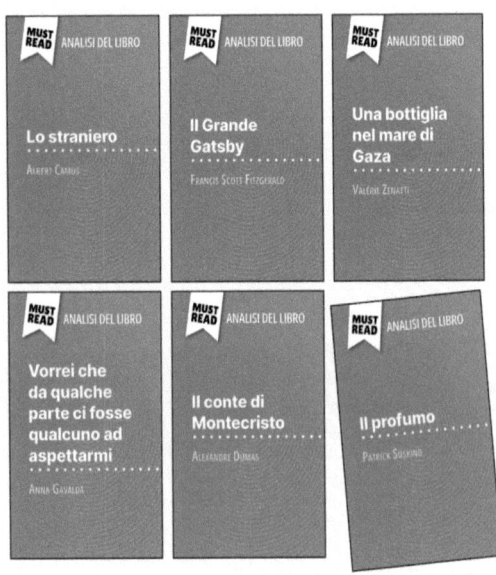

www.50minutes.com

Master ISBN: 9782808690614
ISBN cartaceo: 9782808612012
Deposito legale: D/2023/12603/1481

Copertura: © Primento

Concezione digitale a cura di Primento, il partner digitale degli editori.